商战智慧语录

一句话隐藏商业秘诀，
一句话改变人生

蔡余杰◎编著

中华工商联合出版社

图书在版编目（CIP）数据

商战智慧语录 / 蔡余杰编著. —北京：中华工商联合出版社，2018.8

ISBN 978-7-5158-2391-1

Ⅰ. ①商… Ⅱ. ①蔡… Ⅲ. ①商业经营－语录 Ⅳ. ①F715

中国版本图书馆CIP数据核字（2018）第 155482 号

商战智慧语录

编　　著：蔡余杰
策划编辑：胡小英
责任编辑：李　健
封面设计：刘红刚
责任审读：李　征
责任印制：迈致红
出版发行：中华工商联合出版社有限责任公司
印　　刷：三河市兴国印务有限公司
版　　次：2018 年 9 月第 1 版
印　　次：2018 年 9 月第 1 次印刷
开　　本：880mm × 1230mm　1/32
字　　数：163 千字
印　　张：7
书　　号：ISBN 978-7-5158-2391-1
定　　价：46.00 元

服务热线：010-58301130
销售热线：010-58302813
地址邮编：北京市西城区西环广场 A 座 19-20 层，100044
http://www.chgslcbs.cn
E-mail: cicap1202@sina.com（营销中心）
E-mail: gslzbs@sina.com（总编室）

CONTENTS 目录

第2章 战略战术

第3章 领导管理

第4章 团队建设

第5章 成功要诀

第6章 探索创新

第7章 学习求知

第8章 潜心经营

第9章 思想方向

第10章 胜者之道

第11章 妙语人生

第1章

个人修养

认清自我

优秀的人总能看到比自己更好的，而平庸的人总能看到比自己更差的。

1.任何时候都可以开始做自己想做的事，希望你不要用年龄和其他东西来束缚自己。年龄从来不是界限，除非你自己拿来为难自己。

2.你要回到你自己。凡事向自己而求，是立足之道。

3.名望只是别人眼中的你，品格才是真正的你。

4.人常常不肯认错，凡事都说是别人的错，认为自己才是对的，其实不认错就是一个大错。

5.当你意识到自己是个谦虚的人的时候，你马上就已经不是个谦虚的人了。

6.你不优秀，认识谁都没有用。

7.有缺点的战士终究是战士，完美的苍蝇也终究不过是苍蝇。

8.自知之明是最难得的品质。

人生心态

人心是一个容器，可大可小，大到可以容纳整个世界，小到容不下一粒沙子。

1.释怀是一种解脱。

2.过去的，让它过去，永远不要回顾；未来的，等来了时再说，不要空想；我们只能抓住现在，用我们现在的理想，做我们所应该做的。

3.人生最大的幸福莫过于：白天可以有说有笑，晚上还能睡个好觉！

4.你若决定灿烂，倒影也会美得让人惊叹！

5.心若晴朗，何来雨天！

6.做一个微笑挂在嘴边、快乐放在心上的人。

7.计较，是贫穷的开始。

8.我们不是诗人，但可以诗意地活。

9.人只要心里决定要快乐，大多数都能如愿以偿。

10.新的一天，请带上阳光和微笑。

11.世界上最宽阔的是海洋，比海洋更宽阔的是天空，比天空更宽阔的是人的心灵。

记住，逆境并不是尽头，而是更好的结果的一个转角而已。

1.顺利，只是一种平庸的人生。

2.你给世界一个什么姿态，世界将还你一个什么样的人生。生命里有门功课，名叫“接受”。

3.做自己，率性而活！

4.放平心态，做好自己。

5.做一个快乐的人，才是最大的成功。

6.人生的高度，不是你看清了多少事，而是你看轻了多少事。

7.善忘，是一种大智慧。

8.不被理解，不是你在某一方面太出格，很可能是，你在某一方面太出色。

9.我要微笑着面对整个世界，当我微笑的时候全世界都在对我笑。

10.记住该记住的，忘记该忘记的。改变能改变的，接受不能改变的。

积极人生

当你全然敞开的时候，最先进来的是光和爱，而不是怨恨和伤害。因为，光最快，爱最高！

1.凡事总要有信心，老想着“行”。要是做一件事，先就担心着“怕咱不行吧”，那你就没有勇气了。

2.我只看我所有的，不看我所没有的。

3.能看到每件事情好的一面，并养成一种习惯，还真是千金不换的珍宝。

4.乌云后面依然是灿烂的晴天。

5.有两个人从铁窗朝外望去，一个人看到的是满地泥泞，另一个人看到的却是满天繁星。

6.一切对人不利的影响中，最使人短命夭亡的要算是不好的情绪和卑劣的心情，如忧愁、颓废、惧怕、贪求、怯懦。

7.乐人之乐，人亦乐其乐；忧人之忧，人亦忧其忧。

8.我可以拿走人的任何东西，但有一样东西不行，这就是在特定环境下选择自己生活态度的自由。

9.当人人都认为会发生灾难时，我们却把它看成机会。

10.积极的心态，包含触及内心的每件事情——荣誉、自尊、怜悯、公正、勇气与爱。

正确看得失

没有果敢的放弃，就不会有顽强的坚持。

1.自我颠覆的勇气，首先就要有巨大的魄力。

2.得到，未必开心；失去，未必是祸……

3.走错的路也是路。

4.要善于运用心灵的力量。有了它，跌倒了能再爬起来，失败了能再成功。

5.人无所舍，必无所成……

6.有时候放下面子你才会真正有面子。

7.易得者易失。

8.得失一朝，而荣辱千载。

9.有所取必有所舍，有所禁必有所宽。

10.如果你渴望得到某样东西，你得让它自由。如果它回到你身边，它就是属于你的，如果它不回来， 你就从未拥有过它。

坚韧与坚持

保持渴望，保持傻劲，若你踏上正途，你将愿意继续前行，而且最终必有进展。

1.鞋子可以把脚磨个泡，脚也可以把鞋子磨平，但是必须有血泡磨烂继续磨的勇气和决心，也要有学会穿上袜子慢慢磨的智慧。

2.一定是带着问题奔跑，奔跑中调整姿态，奔跑中增强体质，同时在奔跑中创建地盘，赢得未来，在奔跑中创造你的充实人生。

3.踏踏实实做好每一个细节，每一件小事，一步一个脚印，感觉由衷的踏实和快乐，希望自己的付出能给人们带来欢乐。

4.你所做的事情，也许暂时看不到成功，但不要灰心，你不是没有成长，而是在扎根。

世界诱惑太多，我们要学会专注。

5.与内心对话才能发现自己所爱，并坚守自己的价值观，不至于被流行的热点牵着鼻子走。

一直靠谱下去，你的运气一定不会差！

6.一个专注的人，往往能够把自己的时间、精力和智慧凝聚到所要干的事情上，从而最大限度地发挥积极性、主动性和创造性，努力实现自己的目标。

7.不积跬步，无以至千里；不积小流，无以成江海。

8.告诉你使我达到目标的奥秘吧，我唯一的力量就是坚持。

9.不要失去信心，只要坚持不懈，终会有成果的。

10.成大事不在于力量的大小，而在于能坚持多久。

涓滴之水，终可磨损大石。

1.凡是新的事情在起头总是这样的，起初热心的人很多，而不久就冷淡下去，撒手不做了，因为他已经明白，不经历一番痛苦工作是做不成的，而只有想做的人，才忍得过这番痛苦。

2.钢是在烈火和急剧冷却里锻炼出来的，所以才够坚硬和什么也不怕。我们这一代也是在这样的斗争和可怕的考验中锻炼出来的，学会了不在生活面前屈服。

3.贵有恒，何必三更起五更眠。最无益，只怕一日曝十日寒。

4.即使遇到了不幸的灾难，已经开始了的事情绝不放弃。

5.既然我已经踏上这条道路，那么，任何东西都不应妨碍我沿着这条路走下去。

6.立志不坚，终不济事。

7.没有伟大的意志力，就不可能有雄才大略。

8.耐心是一切聪明才智的基础。

9.生命里最重要的事情是要有个远大的目标，并借助才能与坚毅来完成它。

10.泰山不让土壤，故能成其大；河海不择细流，故能就其深。

自信与自强

你若决定灿烂，倒影也会美得让人惊叹！

1.自己强大起来是驱动人才的关键点。

2.人的自信从哪里来？不是靠别人夸出来的，而是自己知道自己有多少无私的心。

3.信不足者多言。

4.低头需要勇气，抬头需要底气。

5.不迷失不仅需要智慧，更需要高尚的志向。

6.身上的那些伤口，都会变成我们最强壮的地方。

7.自信心包括两部分：外部的认同感和自身的成就感，缺一不可。

8.世界是归强有力者管辖的，应当做强有力者，应当超于一切之上。

9.记住，别人任何的压力都不会压跨你，只有自己的压力会毁灭你自己。你要自己去调试自己的心灵，学会用音乐治疗自己的痛苦。

10.只有满怀自信的人，能在任何地方都怀有自信，沉浸在生活中，并认识自己的意志。

强大自己是解决一切问题唯一的方法。

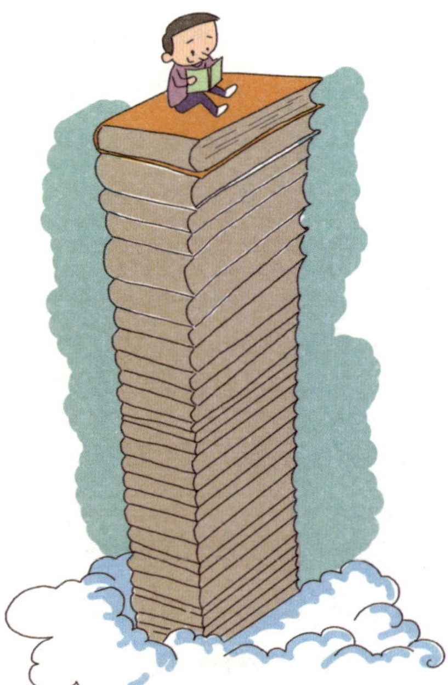

1.勇气很有理由被当作人类德性之首，因为这种德性保证了所有其余的德性。

2.匹夫见辱，拔剑而起，挺身而斗，此不足为勇也。

3.我唯一能信赖的，是我狮子般的勇气和不可战胜的从事劳动的精力。

4.许多天才因缺乏勇气而在这世界消失。每天，默默无闻的人们被送入坟墓，他们由于胆怯，从未尝试着努力过。他们若能接受诱导起步，就很有可能功成名就。

5.勇气就是一种坚韧，正因为它是一种坚韧，才使我们具有任何形式的自我否定和自我战胜的能力。

6.如果一个人的激情无论在快乐还是苦恼中都保持不忘理智所教给的关于什么应当惧怕什么不应当惧怕的信条，那么我们就因他的激情部分而称每个这样的人为勇敢的人。

7.一直在追寻强大的力量，所以他早就是他这一时代最勇敢的人。

8.成功的人，都有浩然的气概，他们都是大胆的、勇敢的。

9.一个人的胆子大，才能有作为；畏怯的人、懦弱的人，他虽然没有身临其境的危险，但只要一听到人家的恐吓言语，早已吓得不知所措，试问这样的人能有什么建树呢？

10.如果他是一棵软弱的芦苇，就让他枯萎吧；如果他是一个勇敢的人，就让他自己闯出一条路吧。

理想与现实

只有先改变自己的态度，才能改变人生的高度。

1.每天琐碎的经历就是我们成长的养料。

2.只有在你经历了人生种种变故之后，你才会褪尽最初的浮华，以一种谦卑的姿态看待这个世界。

3.乞丐不一定妒忌百万富翁，但会妒忌收入更高的乞丐。没有更高的眼界，你永远只会停留在现在的高度。

4.抓住现实中的一分一秒，胜过想象中的一年一月。

5.暂时的是现实，永生的是理想。

6.现实是此岸，理想是彼岸。中间隔着湍急的河流，行动则是架在川上的桥梁。

7.未来总在想象中变得清晰，在现实中变得模糊！

8.梦想只要能持久，就能成为现实。我们不就是生活在梦想中的吗？

9.理想是需要的，是我们前进的方向。现实有理想的指导才有前途；反过来，也必须从现实的努力奋斗中才能实现理想。

10.一个有事业追求的人，可以把梦做得高远些。虽然开始时是梦想，但只要不停地做，不轻易放弃，梦想能成真。

控制好情绪

弱者易怒如虎，强者平静如水。

1.自信的人，不靠情绪表达自己。

2.控制不住自己情绪的人，其实能力再大也无济于事。

3.唯有坚持百忍，才能无所不能。

4.人一定要克服自己的沮丧。

5.情绪是你的灵魂对你的理智说的话。

6.控制住你自己，你才能做天下真正的赢家。能够控制情绪和欲望，往往意味着掌控了成功的主动权。

7.如果你是对的，你没必要发脾气；如果你是错的，你没资格发脾气。

8.随和是素质，低调是修养！

9.一个成功的人握住自己快乐的钥匙，他的情绪稳定，为自己负责，和他在一起是一种享受，而不是压力。

10.不发火，是因为自己不再害怕被别人伤害。

保持好品质

成熟由两部分组成，一半是对美好的追求，一半是对残缺的接纳。

1.成熟，是对很多事物都能放下，都能慈悲，愿以善眼望世界。

2.行善，永远不会错。

3.你拿出爱心来，无论给了什么人，无论最后是什么结果，本质上，你都是一个天使。

4.教养不是苛求别人，而是独善自己。

5.做人靠本分，做事靠本事。

6.让步，在情感中不是退却，也不是从权，而是一种尊重，一种人格，一种胸襟，一种涵养！

7.记住别人的好，修的是自己的德。

8.你所吸引的人不是由你的愿望所决定的，而是由你的为人决定的。

9.有一天你会明白，善良比聪明更难，聪明是一种天赋，而善良是一种选择！

10.心灵是有品级的，心灵的品级决定人格，人格决定你一生的命运。

11.品格是一种内在的力量，它的存在能直接发挥作用，而无需借助任何手段。

思考要缜密

不断地自我反省，并且不断地问为什么是这样的，一层一层抽丝剥茧了解自己。

1.凡事自省吾身。

2.三思而后行。

3.把精力放在完善自己，是件更有意义的事。

4.什么是大智慧，就是怎样运用心灵的智慧、心灵的力量。

5.懂得如何避开问题的人，胜过知道怎样解决问题的人。胜出者往往不是能力而是观念！

6.善于解决问题的能力通常是缜密而系统化思维的产物，任何一个有才之士都能获得这种能力。

7.真知灼见，首先来自多思善疑。

8.思考可以构成一座桥，让我们通向新知识。

9.伟大不只在事业上惊天动地，他时常不声不响地深思熟虑。

立场与原则

爬上峰顶，不是为了让全世界的人看到，而是可以看到全世界。

1.不关注公益必失去效益。

2.如果不坚持，到哪里都是放弃。

3.企业必须有制度，制度建设注重两方面：要搞能用的制度；不给员工犯错机会。

4.生活品质是一种求好的精神，是在一个有限的条件下寻求该条件最好的风格与方式，这才是生活品质。

5.我宁可欠你一个快乐的少年，也不愿看到你低声下气地成年。

6.余生太长，请和有趣的人在一起。

7.要警惕不会做事却会处世的人受到重用。

8.纵容表现不好的人是对表现好的人最大的不公平。

9.一个社会的进步和文明程度，与人们对规则的理解有着直接的关系。规则越多的地方，秩序越好，自由其实也就越多。

世界观就是心。心变了，世界自然会变。

1.别人怎么看你，和你毫无关系，你要怎么活也和别人毫无关系！

2.不辜负自己，也不委屈别人。达人达己！

3.心中有敌，天下皆为敌；心中无敌，无敌于天下。

4.成为你自己想成为的人，而不是别人想看到的……

5.不必成为别人，只需做你自己。

6.你是为生活而工作还是为工作而生活？如果你认为你的工作是享受，那么你就是在为工作而生活，否则的话，你是在为生活而工作。

7.如果你不能给予别人百分之百的话，你总是会怀疑别人是否给予了你百分之百，拿出你百分之百的诚心，对待所有的人和事。

把脸迎向阳光，你就不会有阴影。

1.当我们付诸百分之百的真诚去对待身边的人，不用去考虑他会以何种方式回报，静静地等待，所有的一切都会吸引而来。

2.你要塑造自己被利用的价值，你的可被利用的价值是什么？当你有足够的理由，你就会做出不可思议的事情。

3.你能不能做和你要不要做是两回事，当你能做到之后要不要做那是你的选择。就像开车，你会开了之后，要不要开是你的选择。

4.没有人该为你做什么，因为生命是你自己的，你得为自己负责。

5.不要自己挣不到钱，就希望别人也破产。要创造好的环境，要做正面的暗示。

6.修身先修心，降服自己的内心，与自己的内心和身体器官对话，超脱一切，你会看到世界和他人的美好，我们也拥有了喜悦心！

7.只要有情，其深必达。情深意重的男人，一个有责任、有担当的男人，应该算是当今社会有深度的男人了。

8.追求安全感是人的本能，但安全感的获得必须通过内心真正的强大。安全感是给予，不是索取。恐惧越多，索取越多，不安全感反而递增。

9.大智者必谦和，大善者必宽容。

杯子空的时候才有用。

1.倾听是在接纳的基础上，积极地听，认真地听，关注地听，并在倾听时适度参与。

2.沉得住气，弯得下腰，抬得起头。

3.倾听的力量强大到超乎我们的想象。

4.容忍比自由更重要。

5.优秀的人，是能感觉到别人感觉的人！

6.倾听不仅拉近心灵的距离，而且是遇见知己的开始。等待别人把话说完，是一种能力，也是一种修养。

7.感恩，精进，严谨。

8.人和人相遇，靠的是一点缘分。人和人相处，靠的是付出和尊重。生活慢半拍，自然很精彩。

9.爱能使我们超越规定去付出。

当前后左右都没有路时，命运一定是鼓励你向上飞了。

1.换个心境，或许你会得到解脱！

2.因为思虑过多，所以你常常把你的人生复杂化了。明明是活在现在，你却总是念念不忘着过去，又忧心忡忡着未来。

3.愚人向远方寻找快乐，智者则在自己身旁培养快乐。

4.“知足是福”，这句话有多少人能做到呢？知足的人最开心，知足并不是没有追求，而是快乐地去追求！

5.不是人生选择了你，而是你选择了人生。

6.当我们是少数时，可以测试我们的勇气；当我们是多数时，可以测试我们的宽容。

7.保持空灵之心，无形，无法，就像水一样。水倒入杯中就成了杯子的形状，倒入瓶中就成为瓶子的形状，倒入茶壶中就成为茶壶的形状。

8.内心如果平静，外在就不会有风波。

9.做好死的准备，活下去。

10.在这个世界上，危险的不是诱饵，而是一颗禁不起诱惑的心。

适时把自己“归零”，体现了人生的大智慧、大聪明和大能力。在不断“归零”的基点上让人生重新起航，就一定会披荆斩棘，胜利到达理想的彼岸。

1.做好自己，一切变好，心存善念，一切改变。

2.寒冰不能断流水，枯木也能再逢春。

3.心怀坦荡，才能走向更好的前方！

4.心怀敬畏之心是我们由优秀走向卓越的基石。

5.往事不必遗憾：若是美好，叫做精彩；若是糟糕，叫做经历。

6.匠心还代表什么？一种极致的热情，不是因为财富，而是因为对事情执着的那种热爱。

7.大胆地假设，小心地求证。

8.做事态度：多研究些问题，少谈点主义。

9.所谓福报，就是摆得正自己的位置，搞得清自己的责任，懂得分寸，做得适当的人！

10.好大一棵树，人在不同处，结果不一样，观念是高度。

11.走你的路吧，摔倒了不要怨别人！

关怀、尊重与感恩

学会感恩，你的人生将会一帆风顺。

1.尊重别人的不同之处，别人才会尊重自己独特的地方。

2.那些关心别人的人要比不大关心别人的人更开心。

3.对我们最亲最近的人保持感恩和敬畏之心是消除百分之八十烦恼的关键，也是修心的核心秘密。

4.不必好奇别人怎样评价你，想想你是怎样评价他的。

5.一个不会照顾自己的人通常也不太会照顾别人，一个不会爱自己的人通常也不具备爱别人的能力。

6.真实表达自己的感受，不去指责和怨怪对方的错误。

7.目中有人才有路，心中有爱才有度。

8.尊重别人的重要性远大于自己的自尊。

9.自尊，就是你有多正向地体验自己。

10.我们老是感到缺乏什么东西而不满足，是因为我们对已经得到的东西缺少感激之情。

第 2 章

战略战术

思维理念

积极的人看机会，消极的人看利益。

1.其实，问题不重要，答案也不重要，重要的是，问题或者答案背后的思维模式。

2.逆境帮助生存，危机提高警觉，困境刺激思维。

3.社交的本质就是不断用各种形式帮助其他人成功。共享出你的知识与资源、时间与精力、朋友与关系、同情与关爱，从而持续地为他人提供价值，同时提高自己的价值。

4.人最大的差异就是思维方式的差异，所以千万不要给自己的思维设限。培养“成长型思维”，你将遇见更好的自己。

5.如果你现在没办法把生活过成你最想要的样子，你以后也不可能有机会去过你想要的生活。如果你不改变思维与做法，你的明天也就是昨天的重复。

6.不怕被人利用，就怕你没用。

7.规模经济是件好事，如果没有规模经济，我们可能仍处于原始状态下。

8.若不能从根本着手，奢谈企业管理是没有用的。管理没有秘诀，只看肯不肯努力下功夫，凡事求其合理化，企业经营管理的理念应是追根究底，止于至善。

9.植物拼命往下长，往上成长就是水到渠成的事……所以扎实扎根对企业就是生命。

10.把一款产品卖向全世界，还是一百款产品卖给一个人，需要反思。

任何人不需要产品，他们只需要好处、结果和解决方案。

1.与其第一个进入市场不如第一个进入消费者的大脑。

2.做事，先求稳再求快。

3.成交是一切营销的根本。

4.每天琐碎的经历就是我们成长的养料。

5.有效地把客户的价值发挥到最大是成功的关键。

6.卖给帝王的东西就不能卖给乞丐。

7.互联网生态引领者必须真正实现科技、文化、互联网完美融合，通过打破三者的边界产生全新的元素和全新的价值。

8.没有规划的产品就盲目地推向市场等于自杀和谋杀！

9.变化是商业成功的核心机密。

10.经营的方略只能来自对客户心智的求索过程！

11.一个要教育别人的人，最有效的办法是首先教育好自己。

真正的营销卖的不是产品，而是一种感觉。

1.当一个人迷茫没有战略时，只做赚钱的事就可以了。

2.股权激励是基于未来，而不是奖励过去的贡献。

3.管理就是决策。决策对管理的重要性，就有这么大。

4.思维模式决定了格局，决定了智慧，决定了胸怀，也就决定了命运。

5.商业模式连锁比商标连锁和产品连锁更高级。

6.寻找各个领域的价值洼地，运作成价值的制高点。

7.在非战略领域消耗太多精力只会分散注意力，使组织失去方向。

8.企业运行为了周转为了现金流，一切皆可抛。

9.战略规划不可能消除风险，但是能提高抗风险能力。

10.庞大的母市场和内需市场是产生全球伟大企业的关键。

11.非要亲眼看见更恶劣的环境，否则就无法理解原有环境的好处；非要落到山穷水尽的地步，否则就不懂得珍视自己原来享受到的东西。

中小企业老板最大的风险是缺乏控制风险的手段。

1.卓越的企业精兵简政，不养闲人……

2.竞争会让你变得更好，永远竞争下去，你就会永远变得更加出色，即便你的竞争对手获胜，你也会有所成长。

3.群居价值链是产业布局优化自身能力的关键……

4.大处着眼，小处着手…

5.投资并非一个智商为160的人就一定能击败智商为130的人的游戏。

6.无欲速，无见小利。欲速则不达，见小利则大事不成。

7.只要与当下热点结合，就能成功赚取市场关注度。

8.借力不仅是一种能力，也是一种勇气，更是一种智慧。

9.低固定成本，高变动成本对公司发展有利。

10.制造业要统一化全球化，服务业本质是本地化个性化。

11.世上没有什么东西能拿我们怎么样，可是我们自己要是老想恢复失去的东西，老想着过去，就会毁了我们自己。

投资秘诀：不要先期投入太多，给自己留够底牌。

1.如果操作过量，即使对市场判断正确，仍会一败涂地。

2.一个杰出的企业可以预计到，将来可能会发生什么，但不一定知道何时会发生。

3.如果你的投资运行良好，那么，跟着感觉走，并且把你所有的资产投入进去。

4.投资不仅仅是一种行为，更是一种带有哲学意味的东西。

5.市场就像上帝一样，帮助那些自己帮助自己的人，但与上帝不一样的地方是，他不会原谅那些不知道自己在做什么的人。

6.精明的商家可以将商业意识渗透到生活中的每一件事，甚至是一举手一投足中。

7.那些最好的买卖，刚开始的时候，从数字上看，几乎都会告诉你不要买。

8.利率就像是投资上的地心引力一样。

9.一定要在自己的理解力允许的范围内投资。

10.身在市场，你就得准备忍受痛苦。

频繁沟通和互动是保持各种情感黏度的最有效途径。

1.青年人在执事或经营的时候，所包揽的常常比所能办到的多，所激起的比所能平伏的多；一下就飞到目的上去，而不顾虑手段和程度。

2.利人为利己的根基，商业经营上老是为自己着想，而不顾及到他人，利也就可能随之“飞”了。

3.企业的经营，不能只站在单纯的一个角度去看，而要从各个角度分析、观察才行。

4.经营企业，是许多环节的共同运作，差一个念头，就决定了整个经营的失败。

5.成功的企业经营所需具备的要素是：热衷于货品的产出，确切熟知产出成品，责任感以及有效地派任职务。

6.我的经营理论是要让每个人都能感觉到自己的贡献，这种贡献看得见，摸得着，还能数得清。

7.经营以信用为资本。

8.经营信为本，买卖礼当先。

9.风险和利益的大小是成正比的。

10.管理就是沟通、沟通再沟通。

商战智慧语录

只要有超级无敌棒的商业模式核心优势，蚂蚁可以慢慢扳倒大象。

1.管理就是预测和计划、组织、指挥、协调以及控制。

2.管理首先是人为达到自己目的而进行的自觉活动。

3.管理关系就是人的关系。

4.组织是企业的一种“解剖学”，而管理则是它的“生理学”。

5.管理是一个过程，通过它，大量互无关系的资源得以结合成为一个实现预定目标的总体。

6.监督是管理过程持续最长的一种功能，因为它是在执行决策的全部过程中实现的。

7.纪律是管理关系的形式。

8.管理工作的范围和条件原则上是不能明确地规定的，因为管理活动是一个极为开放的系统。

9.管理是一种客观职能，它取决于任务，也取决于文化条件，从属于一定社会的价值观念和生活习惯。

10.没有组织就没有管理，而没有管理也就没有组织。管理部门是现代组织的特殊器官，正是依靠这种器官的活动，才有职能的执行和组织的生存。

商战智慧语录

关联的世界，脱离孤岛式思维，连接一切可以连接的资源，布局未来！

1.企业最大的资产是人。

2.钱不是目标，不是结果，也不是消费品，而是成就事业的工具。

3.用人不在于如何减少人的短处，而在于如何发挥人的长处。

4.办企业犹如修塔，如果只想往上砌砖，而忘记打牢基础，总有一天塔会倒塌。

5.大成功靠团队，小成功靠个人。

6.不要把所有的鸡蛋放在同一个篮子里。

7.拥有多少财富并不重要，重要的是，我拥有了创造这些财富的能力。

8.对产品质量来说，不是100分就是0分。

9.管理的艺术在于识别什么是可用的经验，以及采用后能判别发生什么样的结果。

10.发挥无形资本（时间、精力、抱负、思考），辅助有形资本（资金、人力、原料、社会关系），为前人所未曾为，做今人所不敢做的事业。

精准定位

以别人的优点为标杆，以别人的缺点为镜子。

1.小公司所有的战略就是，活下来，赚钱。

2.人还是那个人，同样的努力，不一样的平台和载体，结果就不一样了。

3.定位低决定了起点低，起点低决定了格局放不开，视野打不开。

4.把拳头收回来是为了更有力地还击。

5.卖产品时代进入卖模式时代。

6.战略是动态过程，不是静态目标。

7.协同和整合可能是最终的出路。

8.生活的理想，就是为了理想的生活。

9.商业情报是决定企业生死的“第四种生产要素”。

10.人生一世，总有些片段当时看着无关紧要，而事实上却牵动了大局。

按别人的指引，盲目地前进，可能会一步踏空，摔得惨痛。

1.成功源自一个对的想法、好的执行！

2.可持续竞争的唯一优势来自超过竞争对手的创新能力！

3.投资本身没有风险，失控的投资才有风险！

4.企业的根本任务是赢得顾客，而不是战胜对手！

5.一个策略胜过千军万马，项目的力量大过天。成交大爆满！

6.在商业中人们买的不是产品，而是买一种感觉与自我认知。

7.如果把企业比作一辆公共汽车，那么，创业者只是这辆车上的司机而已，本车的核心目的是把来来往往的乘客运到他们想去的地方，只有乘客安全抵达目标，司机才有资格收取车费。

8.把消费者变成销售者，把销售者变成领导者、管理者。如果不会销售就不会赚钱。

9.希望每一个人都来用我的产品和服务，那是不可能的。定位一定要准确，你才能做好。

10.生活的关键在于要给自己准确定位。

不要拿别人的标准来折磨自己。

1.做君子就是要做最好的自己，按照自己的社会定位，从身边做起，从今天做起，让自己成为一个内心完善的人。

2.要有所行动，然后认识你自己。

3.人，不但与别人各异，有时候甚至跟原来的自己也迥然不同。

4.在战场上，一个人有时会战胜一千个人，但只有战胜自己的人，才是最伟大的胜利者。

5.不要太在意别人怎么看，或者别人怎么想。别人如何衡量你，也全在于你自己如何衡量自己。

6.我是我自己最大的敌人。

7.我成功是因为我有决心，从不踌躇。

8.不论成功还是失败，都是系于自己。

9.自己就是主宰一切的上帝，倘若你想征服全世界，你就得征服自己。

10.人生最困难的事情是认识自己。

目标战略

每一处出口都是另一处的入口。

1.我们如何确定自己的目标？如果你知道去哪儿，全世界都会为你让路。

2.与自己所要合一，找到拥有的感觉。

3.学会管理自己，比做事本身更重要。

4.战略不能落实到结果和目标上，都是空话。

5.只要是正面的、有力量的、对你有帮助的，那么DO IT NOW！

6.战略不仅在于知道做什么，更重要的是，要知道停下什么。

7.要制定跳起来有可能够得到的目标。

8.战略是未来的前瞻性规划。

9.企业要更具竞争力，最好的办法就是更灵活，不断革新。

10.没有战略的企业就像一艘没有舵的船，只能在原地转圈。

11.人都是为希望而活，因为有了希望，人才有生活的勇气。

顾客至上

为客户创造价值的大小，决定你订单的大小。

1.专心，专注，细节，极致，永远不追求利润最大化，为客户创造价值，做客户极致体验的创造者。

2.关注顾客，不仅要关注具体的顾客个体，更要关注顾客需求的实质。

3.提高客户满意度是企业应该具备的核心能力。

4.让别人舒服的能力，也是一种软实力。让别人舒服的程度决定了你人生的高度！

5.优秀的人，都能感觉到别人的感觉；优秀的企业，能做出顾客需要的产品！

6.与用户构建起生态系统是国际企业的核心竞争力……

7.客户不是买便宜的而是占便宜的。

8.一定要给顾客讲有含金量的东西，一定要学会创造价值，为顾客创造他需要的价值。

9.永远不要忘记你和你的公司是干什么的，这是一个满足顾客需求、向顾客提供服务的行业。

10.你所做的一切，就是让你的顾客满意。

英明决策

只为成功找方法，不为失败找借口。

1.用过去的方法可能没有办法实现你的梦想，所以成功需要改变。

2.每一个决定不是离成功越来越远就是离成功越来越近。

3.语言决定行为，行为养成习惯，习惯形成性格，性格决定命运。

4.每个人都要自问：我现在为了自己成功的人生，可以做出什么样的决定？

5.引进新的管理体系要先僵化，再优化，再固化。

6.在制定决策时将实施行动考虑在内。

7.正确的决策来自众人的智慧。

8.优秀的公司很少决策，只做重大决策，而平庸的公司天天都在决策。

9.最好的决策，应该是保持专注在你的目标上，远离那些让你脱轨的事情。

10.生命中真正重要的不是你遭遇了什么，而是你记住了哪些事，又是如何铭记的。

蝴蝶如要在百花园里得到飞舞的欢乐，那首先得忍受与蛹决裂的痛苦。

1.快速变化的市场要求企业敏捷地把资金、人才和领导力调配到最具增长潜力的消费者群体、地域市场和业务模式上。

2.抓住时机并快速决策是现代企业成功的关键。

3.绝不能在没有选择的情况下，做出重大决策。

4.决策不去做什么和决策去做什么同等重要，这道理适用于企业，也适用于产品。

5.不要把动态的、活生生的人塞进静态的、标准化的岗位模子中去。

6.在总体处于弱势情况下，关键在于掌握主动权，致人而不致于人，从而造成相对的强势。

7.这个世界根本不存在“不会做”这回事，当你失去所有依靠的时候，你自然就什么都会了。

8.没有必要做出决定时，就有必要不做决定。

9.世界上每100家破产倒闭的大企业中，85%是因为企业管理者的决策不慎造成的。

10.如果有一个项目，首先要考虑有没有人来做。如果没有人做，就要放弃，这是一个必要条件。

提升实力

改变不了环境，就改变自己。

1.敏捷组织要具备两个方面的支撑，既要有高度稳定的平台、完善的结构和流程，也要具备快速行动和应变的能力。

2.所谓“惶者生存”，不断有危机感的公司才能生存下来！

3.实力永远意味着责任和危险。

4.成长的路上，只有你的实力才能给你安全感。所谓迷茫，不过是你的才华配不上你的梦想。

5.合作能力，打造无边际组织的能力，打造整个生态圈的能力很重要。

6.减少未来不在重要领域的能力投入是个有争议，但是通常必要的决定。培养新能力的资源需要来自某个地方，固守过时的能力只能伤害未来的表现。

7.与其说别人让你痛苦，不如说自己的修养不够。

8.实力就是机会。

9.一个成功的创业者，需要具备三个因素：眼光、胸怀和实力。

10.具有博大胸襟的人，才有可能在心灵上潇洒；具有自信和实力的人，才有可能在外表上潇洒。

营销策略

客户汇聚的地方就是你努力的方向。

1.成树先长根，做事须循法，做人先立德。

2.销售的重点是开发客户，缔结业务。

3.你的自信也会影响你的顾客。

4.万般草木皆兵器，资源，看到人在走路就如同钱在向你招手。

5.怎样说服顾客？让客户相信产品价值超过价格时，就成交了。价值超过价格就不贵。

6.自己购买产品也需要给自己一个立刻购买的理由，说服别人马上购买更加需要一个立刻购买的理由！

7.销售的关键是说服自己，为什么自己喜欢的产品卖得比自己不喜欢得好！自己都不喜欢，说服不了自己也说服不了别人。

8.做业务的三大法宝——走出去，说出来，把钱收回来。

9.人人都不是在推销产品，而是在推销自己。

10.推销是通过价格把产品卖出去，营销是通过产品把价格卖出去。

真正的销售是我们说的是对方想听的，我们卖的是对方想要的。

1.真正的销售是一个愉快的聊天过程：聊对方的心愿、聊对方的担忧、聊如何完成对方的心愿、聊如何拿走对方的担忧。

2.成功的销售人员具有极佳的倾听能力。

3.营销的关键不是市场战而是认知战。

4.营销的竞争是一场关于心智的竞争，营销竞争的终极战场不是工厂也不是市场，而是心智，心智决定市场，也决定营销的成败。

5.不是有了人脉才可以做很多事情，而是做了很多事情才有了人脉。

6.依赖感大于实力。销售中97%是在建立信赖感，3%在成交。

7.销售专业中最重要的字就是“问”！

8.不要过度承诺，但要超值交付。

9.目标市场，顾客需求，协调市场营销，通过满足消费者需求来创造利润。

10.在购买时，你可以用任何语言，但在销售时，你必须使用购买者的语言。

珍惜时间

时间是治疗心灵创伤的大师，但绝不是解决问题的高手。

1.人生没有假设，当下即是全部。

2.时间并不会真的帮我们解决什么问题，它只是把原来怎么也想不通的问题，变得不再重要了。

3.时间是治疗心灵创伤的大师，但绝不是解决问题的高手。

4.时间，抓起了就是黄金，虚度了就是流水。

5.我追求的是，降低劳动强度得到效益的提升。不做重复工作，不做无用工作，精力集中在提高效率上。

6.管理能够大幅度提高潜在效率，公司的潜力也正是管理。各级部门都要格外重视管理的进步，短期内效益有可能会降下来，但从长远看会提高。

7.如果我们减少20%的无效工作，那么既节约了成本，也不用加班加点。

8.行善、行孝、感恩这三件事情都不能等，不然就没有机会了。

9.人生，最大的悲哀莫过于自己一直在做自己喜欢的梦，等你的梦醒来的时候，别人已经把你喜欢的梦给实现了！

10.谁对时间最吝啬，时间对谁越慷慨。要时间不辜负你，首先你要不辜负时间。放弃时间的人，时间也放弃他。

时间，抓起了就是黄金，虚度了就是流水。

1.你需求什么，就去做。行动等于结果!

2.把自己的精力全部用在自己最迫切的欲望上，如提升专业素养、照顾家庭、关心朋友、追求美食等。

3.成功者与失败者的差别在于时间管理，运用时间的方法。

4.惜别过去，珍惜未来!

5.人生有一道难题，那就是如何使一寸光阴即是一寸生命。

6.时间就是生命，时间就是速度，时间就是气力。

7.最严重的浪费就是时间的浪费。

8.时间，天天得到的都是二十四小时，可是，一天的时间给勤勉的人带来聪明和气力，给懒散的人只留下一片悔恨。

9.世界上最快而又最慢，最长而又最短，最平凡而又最珍贵，最轻易被人忽视而又最令人后悔的就是时间。

10.你热爱生命吗？那么别浪费时间，时间是组成生命的材料。

品牌价值

被看到和拿到的都是产品，只有被想到的才是品牌。

1.品牌代表一种文化竞争力和话语权。

2.品牌是议价能力的关键。

3.品牌关键是要提供足够的可感知的消费者利益，要关注消费者的心理。感性的价值感知比理性的感知更加重要。

4.品牌也需要消费者做族群的区隔，因此一个品牌不能准确地和某个族群捆绑在一起，品牌就很难有忠诚顾客，这也可以叫粉丝经济。

5.一旦你不能聚焦在你的特长上或没有特性，你就是最弱的品牌。

6.耐得住寂寞，经得起诱惑，一百年做一件事就是品牌。

7.谁第一个进入客户的思想就是品牌。

8.不能区隔对手的品牌只能叫产品。

9.被看到和拿到的都是产品，只有被想到的才是品牌。

10.做一个有品位的品牌，一定要做到，让自己拿着望远镜都看不到对手！

坚决行动

养成两个习惯。准备好两个小本子，一个专门用于记那些你当天遇到的人和事情，另一个用于记你明天要做的6件事情。

1.当不知如何行动时，最好的行动就是不采取任何行动。

2.对照实际执行情况检验决策的正确性和有效性。

3.有效的行动是消除忧虑的法宝。

4.用行动向所有人证明自己（行动胜过言语），虽然要付出很多却是最令人信服的。

5.努力到无能为力，拼搏到感动自己！

6.所有的真理、原理、道理，练熟了才有用，大量做才有用。

7.只为成功找方法，不为失败找借口。

8.当你全力以赴去做身边每一件小事的时候，当你认真对待身边每一个人的时候，奇迹就奇迹般地发生了。

9.你若不能全身心投入地去做一件事，你永远只能是一个有才华的失败者。

10.仅仅知道还不够，关键是要不断地训练。训即是教育，练即是练习。

拥抱挑战，拥抱挫折，因为这是你在职场成长的机会。

1.最重要的是要养成习惯，立即行动。感动之后是行动。一点总比没有好，晚做总比没做好。

2.聚焦自己想要的事物，增加我们的渴望度，大量的行动，不断地调整和修正我们的行为，直到得到我们想要的结果！

3.速度第一，完美第二；行动第一，想法第二；结果第一，过程第二。

4.练到出神入化才能超越竞争对手。

5.行动不及时是因为痛苦达不到。

6.没有执行力，就没有竞争力。

7.执行力不讲如果，只讲结果。

8.管理不在于“知”，而在于“行”。

9.三流的点子加一流的执行力，永远比一流的点子加三流的执行力更好。

10.执行力是从上贯彻到下，手不要总往下面指。

11.一个人只是呆呆地坐着，空想着自己所得不到的东西，是没有用的。

第3章

领导管理

管理之要义

最大的瓶颈是老板本身，老板的高度决定企业的高度。

1.离你最近的人决定你的成败。

2.管理者的五项工作是：设定目标、组织、激励与沟通、评估绩效、培养人才。

3.制度管人，流程管事，团队打天下，管理定江山。

4.得十良马，不如得一伯乐。

5.管理者的最基本能力：有效沟通。

6.管理就是把复杂的问题简单化、混乱的事情规划化。

7.授权就像放风筝，部属能力弱，线就要收一收；部属能力强，就要放一放。

8.管理层次越少越好。

9.卓有成效的管理者善于用人之长。

10.不善于倾听不同的声音，是管理者最大的疏忽。

11.凡事需多听但少言，聆听他人之意见，但保留自己之判断。

老板有出路，员工才会有出路。

1.抓管理一定要因陋就简，切忌求大求全求完整。

2.海底捞考核管理者，一个总的指标，是看你能否使80%直接下属的能力在一定时间内得到提升。

3.不能治左右，何以治三军？

4.看一个老板是不是善于管理他的员工，从他给员工支付的报酬就可以做出判断。

5.管理是一种严肃的爱。

6.做事，不止是人家要我做才做，而是人家没要我做也争着去做。这样，才做得有趣味，也就会有收获。

7.今天应做的事没有做，明天再早也是耽误了。

8.无法评估，就无法管理。

9.企业说到底就是人，管理说到底就是借力。

10.卓有成效是一种习惯，是不断训练出来的综合体。

管理层素养

你平时之所以看到太多的问题，是因为你的高度不够！在飞机上是看不到刮风下雨的！小老板发现问题，大老板发现高度！

1.上师给认知，中师给思维，下师给方法。

2.每一个细节的成功提升，对于公司都是无限价值，细节落地的干部是公司的无价之宝。

3.领导者需要把每个人的能力展现出来。

4.一位领导者最重要的事，就是要完全地寻找、珍视和培养每个人的声誉和尊严。

5.掌舵人要能“谋众断独”。

6.你吸引的是和你相似的人，而不一定是你想要的人！

7.没有不好的员工，只有不好的老板。

8.有效的管理者在用人所长的同时，必须容忍人之所短。

9.有效的管理者用人，是着眼于机会，而非着眼于问题。

10.有效的管理者会顺应自己的习性，不会勉强自己。

解读领导力

从你的需求出发，你获得的是权力，从他人的需求出发，你获得的是领导力。

1.只有领导者率先示范，以身作则地努力工作，这种热情和精神才会影响其下属，让大家都形成一种积极向上的态度，形成热情高涨的工作氛围。

2.真正的领导者非常清楚自己内在的需要，也知道激励和发展他人的价值。

3.领导力首先是一种素质，是一种心态、理念和行为方式，而不是一个职称，更不是权利。

4.善于发现人才，团结人才，使用人才，是领导者成熟的主要标志之一。

5.首脑必不可少的是忍耐。

6.领导力就是将想象转变成现实的能力。

7.成为领袖之前，成功就是让自己成长。成为领袖之后，成功是让别人成长。

8.真正的领导力有四个构成要素：智慧、灵魂、真心以及良好的心理状态。

9.领导力的作用是培养出更多的领袖，而不是制造出更多的跟班。

10.现如今，成功的领导力关键在于影响力，而不是权威。

11.普通的领袖把人们带往他们想去的地方。伟大的领袖把人们带往他们不一定想去，但应该去的地方。

影响别人的能力，是最重要的领导力体现之一。

1.伟大不是体现在领导别人上，而是体现在管理自己上。

2.领导力不是权利，而是有效影响他人的能力。

3.毫无疑问，任正非领导力的核心在于他非常清楚华为的目标——成就客户梦想。

4.公司强大的核心：基层员工必须有尊严，中层必须有欲望，高层必须有原则。

5.好的领导能够在全员参与时发挥出每个人最大的个人价值。

6.你的领导力不论好坏，往往决定了你的办事效力，和你对组织机构潜在的影响力。

7.领导力的核心是：先领导自己。

8.领导力不等同于权力，领导力就是影响力。

9.真正的领导地位是无法授予、指派或者委任的，它来自影响力。而影响力无法任命，只能靠努力去赢得！

10.领导力是一门艺术，就是让别人主动想去做一些你希望能够完成的事情。

识人与用人

事业上用人，要用自己该用的而不是自己喜欢的。

1.用人三境界：用师者王，用友者霸，用徒者亡。

2.换人不含糊，用人不皱眉。

3.下属人员才干的发挥与对优秀人才的举荐，是决定管理者的升迁与人事待遇的重要因素。

4.懂人，方能用人，用人，方能成仁。

5.首先要学会领导自己。要想有效地影响别人，首先要从有效地领导自己开始。

6.员工愿意服从自己欣赏佩服的人，而不是对自己好的人……

7.每个人的情况各不相同、千差万别，而且处在变化之中，所以对人的正确认识有相当的难度，也是一门学问，取决于识人者自身的识别能力和实践经验。

8.能否准确地识人，其作用意义非同寻常，小则注定一个人终身的命运，大则决定了一个国家的生存前景。

9.人的生活事业，离不开知己朋友的帮助支持，虽然“三人行必有我师”，关键在于你能否认准哪位是师友。

10.领导人应懂得因人成事，有无一双识人慧眼，能否将好人、能人、强人置于重位，是决定其事业成败、业绩大小的第一要素。

我使用人才的方法是：他有10分才能，不会给他7分的活儿，而要相反，这样才能激发他的潜能。

1.为了自身能力的提高和事业的成功，必须精心提高识人的能力和水平。

2.学识水平和综合能力高的人，多具慧眼，识人能力也高；而识人能力甚差的人，其学识和综合能力也较差。

3.识人的对象，一般不包括知名度和社会地位较高的、影响力较大的公众人物，多数人一致的认识和印象是可信可靠的。

4.识人，主要是识人的品质，区分好人、差人及歹人，暂不涉及对人知识能力的判断。

5.简化识人标准，从常见和实用的认识出发。

6.要判断一个人是否值得重用，首先得了解他的立场、观点。凡是在大是大非问题上含混不清、模棱两可的人，绝不可委以重任。

7.资格为用人之害。

8.用人无疑，唯才所宜。

9.求士莫求全，用人如用木。

10.能用度外人，然后能周天下。

管人有妙招

对别人要求松一点，就不会总是失望；对自己要求严一点，就不会总是沮丧。

1.有许多管理者经常因为干涉下属的微观管理而给自己惹了一身麻烦。

2.管理越少，公司越好。

3.安逸和宽容，是对员工最大的不负责。

4.以身作则，不是劝导他人的重要途径，而是唯一途径。

5.特别是领导者，要学会把功劳归属于下属，你才会得到得更多。

6.注重管理行为的结果而不是监控行为，让管理进入一个自我控制的管理状态。为了进入这种状态，管理者应该管好“头”和“脚”。

7.要影响别人，必须搞清楚对方现在被什么影响。要影响别人，站在别人的角度改变状态。

8.优秀的管理者不会让员工觉得他在管人。

9.管理就是追求一种调和。

10.管理就是让别人完成事情。

不能统一人的思想，但可以统一人的目标！

1.带领基层走向尊严！

2.管理就是激发人的潜能，以赢取目标。

3.员工培训是企业风险最小、收益最大的战略性投资。

4.管理者要是坐下，部下就躺下了。

5.如果你或你的部门没有了上升的空间，也将失去生存空间。

6.部下素质低不是你的责任，但是不能提高部下的素质是你的责任。

7.管事先管人，管人带作风。

8.干部怎样对员工？创造一个充满活力的氛围。

9.渐进就是守旧。所以经营理念创新，就要反渐进，必须一步到位。

10.不只做一颗螺丝钉，要经营一部机器。

11.一个人如果遭到大家嫌弃，多半是自己不好。

第 4 章

团队建设

团队重要性

他们通常是多种能力的融合体，而且其中的每一种能力可能也不会太出众，但这个融合体就非常出众了。

1.团队荣誉请永远牢记，不论你有多么的成功，请将你所有的收获与荣耀归功于你的团队，是一种领导艺术也好，是激励团队成员也好，你自己去想吧。

2.一朵鲜花打扮不出美丽的春天，一个人先进总是单枪匹马，众人先进才能移山填海。

3.一滴水只有放进大海里才永远不会干涸。

4.一个人只有当他把自己和集体事业融合在一起的时候才最有力量。

5.失败的团队没有成功者，成功的团队成就每一个人！凝聚团队，聚焦目标，为梦想创造无限可能！

6.一个人势单力薄，融入团队就能立于不败之地，一滴水很快就会挥发，汇入大海就成波涛澎湃。

7.如果你是一滴水，只要你愿意融入大海，整个大海就是你的了，因为你已和整个大海融合在一起，这就是融入的力量。

8.我们知道个人是微弱的，但是我们也知道整体就是力量。

9.为了进行斗争，我们必须把我们的一切力量拧成一股绳，并使这些力量集中在同一个攻击点上。

10.只有在集体中，个人才能获得全面发展其才能的手段，也就是说，只有在集体中才可能有个人自由。

团队价值观

世界上没有真正孤单的人。一个人走在荒芜的路上，也总有日月星辰陪伴左右。

1.团队的价值观管理永远都是团队管理的核心动力。

2.关于团队事业在团队文化形成的阶段，团队成员的内心有一个问题必须回答："什么是事业？"我经常都是这样回答的："事业就是把你不喜欢做的事情做好，然后再坚持把你喜欢做的事做下去；坚持是很重要的，一个人事业的成败往往取决于坚持，正所谓'成于坚持，而毁于放弃！'再通俗一点讲：能够值得连续做的事情就是事业。"

3.一个人刚进组织，在还没有融入大家的情况下，就评头论足，不是非分之想就是大脑短路了。

4.事物只有当人们认为它们有价值时，才有价值。

5.可以借鉴别的企业、团队的价值观要素，但不能照抄照搬，因为每家企业的情况千差万别，每个团队的工作性质、人员构成、任务目标大不相同，别人的成功你不可复制。

6.不管是什么渠道得来的价值观，只要是积极向上的、服务企业贡献社会的价值观，只要能落实到企业的行动中，都是应该提倡和鼓励的。

7.价值观的整合、提炼特别是落地，是一个简单但必须是不断重复、持之以恒的过程。

8.核心的价值观是持久的，而且是没有什么商量余地的。

9.管理者必须确信，所有员工既要理解价值观和信念的内容，也要理解其精神。

10.团队要清楚地定义其核心价值观，并在团队范围内不断地传达和强化这些价值观。

团队凝聚力

做战略最忌讳的是面面俱到，一定要记住重点突破，所有的资源在一点突破，才有可能赢。

1.提升领导团队的能力是我们迫切要补的基础教育课，只有基础打扎实了，规模和速度才能上一个新台阶。

2.超强凝聚力的团队和一流的执行力是高级战略的灵魂，反之战略就成了躯壳。

3.若不团结，任何力量都是弱小的。

4.凝聚产生力量；团结诞生希望。

5.能用众力，则无敌于天下矣；能用众智，则无畏于圣人矣。

6.三人省力，四人更轻松，众人团结紧，百事能成功。

7.团结一致，同心同德，任何强大的敌人，任何困难的环境，都会向我们投降。

8.篝火能把严寒驱散，团结能把困难赶跑。

9.人心齐，泰山移。

团队如何带

当团队要超越一个目标时，我们需要的不是狮子一样的英雄，而是像蚂蚁一样的团队，因为在追逐目标的路上，“蚂蚁团队”可以原谅一个错100次的蚂蚁成员，而“狮子团队”错一次就有可能出局。可见，团队力量的获得与体积和勇猛无关，与团结有关。

1.带领团队，正确的做法一定是通过设定目标、达成目标来传导压力的，并且要掌握好这个尺度。

2.当团队成员做出了对团队不利的事情时，包容远远要比批评收获得更多。

3.在批评下属时要先称赞，即责备前称赞一件，责备后称赞一件，而把责备夹在中间。

4.30%的人永远不可能相信你。不要让你的同事为你干活，而应该是我们的同事一起为我们的目标干活，共同努力，团结在一个共同的目标下面，就要比团结在你一个企业家底下容易得多。所以首先要说服大家认同共同的理想，而不是让大家来为你干活。

5.不用花心思打造明星团队，团队即是可以和自己脚踏实地将事情推进者。

6.大家做出努力之后有公道的回报，在利益分配方面比较公平。这是我们的诀窍。

7.凡是经过考验的朋友，就应该把他们紧紧地团结在你的周围。

8.团队进步的基本条件是能持续地学习、反思、沟通，有自我批评的承受力和能力，团队中有不断找出自身不足的文化，这是团队成熟和信心的表现。

9.能学习、反思的团队表现了对大目标的深刻理解和执着，也表现了对实现目标的过程的坚韧，特别是有对过程中遇到困难和挫折的应对能力和奋斗精神。

第5章

成功要诀

成功智慧

成功要“借力”，而非“尽力”！

1.对的那条路通常不是最好走的那条。

2.正因为不轻易就能被看懂，所以你才有自己的价值！

3.不是所有正确的话都有道理，或许只有适合自己性格的才是！

4.自己原谅自己是堕落的开始。

5.人生最痛苦的事情莫过于开创和从低潮走向高潮。调整的方法是不要钻牛角尖，而是用另外一个来代替。

6.任何人在人间的成功都是因为解决了他人的困惑，或者需求，或者向往。

7.成功者不是靠某一项技能的。

8.一切的成功都要从接纳自己开始。你只有接纳了自己，才懂得如何接纳别人，才能接纳整个世界。而接纳是改变的第一步。

9.主动寻求别人的反馈意见，而且要欢迎有建设性的反馈意见。

10.多研究些问题，少谈点主义，这是企业的成功之道！

成功心态

聪明人知道自己能做什么，而智者明白自己不能做什么。

1.成功是从微笑开始的，世上没有绝对幸福的人，只有不肯快乐的心。

2.知世故而不世故才是最善良的成熟。

3.欲动天下事，先动天下心，欲动天下心，先动无我心。

4.对自己没有苛刻的要求，对社会的要求极高，是成功最大的绊脚石。

5.内在喜悦是成功的燃料。

6.成功的意愿和决心，很多时候比成功的方法更为重要！

7.相信就会看见。一般人是看见了才相信，所以信念很重要。

8.可能，只有一种力量会持续，那就叫“责任”。

9.真正的强者不是看他状态好的时候有多牛，而是在他状态最差的时候依然可以表现得活力四射。

10.一个不愿付出、不愿冒风险的人，一事无成对他来说是再自然不过的事。

11.现在不是去想缺少什么的时候，该想一想凭现有的东西你能做什么。

成功真谛

降低你的自负就等于提高你的情商！

1.人能常清静，天地兮皆归。清者浊之源，动者静之基。

2.血，遇热而行，遇寒而凝。一份伟大的事业起源于浓浓的人情味。

3.没有棱角的人走得会很快，但到下坡路的时候也会滚得更远。

4.能够管住自己是你将来成功的保障。

5.如果一个公司的服务和产品给人的印象好，那这个公司就发展得快，反之，这个公司就发展不起来。

6.当行为吻合了事物的成长规律，就会收到预期的结果。

7.如果一天做6件重要的事，那么一个月就能做180件重要的事情，一年能做2190件事情，你能不成功吗？

8.功课不重要，一定要灵活。因为交际手腕高的人会更成功。

9.人无法成功的原因只有两个：懒惰和惧怕。

10.一个人要获得巨大的成功必须有敌人，需要竞争才行。

11.每一天都是一个新的日子。走运当然是好的，不过我情愿做到分毫不差。这样，运气来的时候，你就有所准备了。

第6章

探索创新

认识创新

未知才是生命中的精彩。

1.创业就是把公司做小，把客户做大。

2.顾客是最好的老师，同行是最好的榜样，取众人之长，才能长于众人。

3.听别人的故事，理解自己的人生，创新的东西都值得借鉴。

4.思想富有创造力，世界就是你的观点。

5.试试看就是试前为自己找失败的理由而已。

6.从机制上创新和革新是一个企业成功最大的关键。

7.创新就是生产要素的重新组合。

8.创新决定定价权，定价权决定一切。

9.创造一家经久不衰的企业远远比创造一个伟大的产品更加困难，也更加重要。

10.创新是企业家的具体工具，也就是他们借以利用变化作为开创一种新的实业和一项新的服务的机会的手段。

11.现在不是去想缺少什么的时候，该想一想凭现有的东西你能做什么。

敢于创新

敢想和敢干的人遇到一起，一定会创造奇迹。

1.有些事情不妨你去尝试一下，就算没有结果，但总比留下遗憾强！

2.先用证明有效的方法，然后再去创新方法。

3.坚持以客户需求导向可以推动企业在最重要的领域持续创新。

4.创造、修正、再次运用，成为自然而然的习惯。

5.创新有时需要离开常走的大道，潜入森林，你就肯定会发现前所未见的东西。

6.凡是创新的时代总会有人死在半路上，但是这些失败或者遇到困难的公司并不代表它没有价值，它的价值就是告诉大家其实这个领域是可以一试的。

7.能正确地提出问题就是迈出了创新的第一步。

8.企业的成败在于能否创新，尤其是当前新旧体制转换阶段，在企业特殊困难时期，更需要有这种精神。

9.如果你要成功，你应该朝新的道路前进，不要跟随被踩烂了的成功之路。

10.商品开发离不开创新构想，创新构想是人类智慧中最美丽的花朵。

第7章

学习求知

学习求知

读书，是世界上门槛最低的高贵。它能改变你的容颜，丰富你的思想，提升你的逻辑谈吐。在阅读上花的每一秒，都会沉淀成将来更好的你。

1.丰富自己，比取悦他人更有力量！

2.书，看了就是知识，没看就是废纸。

3.学习，为自己，为身边的人，为千千万万。

4.教育训练者是使命传播者。

5.并不是读书读得越多就会越有钱。

6.学习，不分贵贱；勤奋，不分聪愚；成败，不分天才，时间，证明成就。

7.凡是一个学金融的人，如果能够读哲学、读文学，肯定比纯粹学金融的学者更有出息。

8.学问是异常珍贵的东西，从任何源泉吸收都不可耻。

9.学习是劳动，是充满思想的劳动。

10.掌握无论哪一种知识对智力都是有用的，它会把无用的东西抛开而把好的东西留住。

学会学习

如果不读书，行万里路也不过是个邮差。

1.做学问要在不疑处有疑，待人时要在有疑处不疑。

2.只读书不思考，就会茫然无得；只思考不读书，思路就会闭塞不通。

3.学到的只是知识，体验到的才是智慧。学到的在大脑，体验到的在心灵，只有心灵才会改变生命！

4.读书的最高境界是读书要有意识地输出。

5.借人之智，完善自己。学最好的别人，做最好的自己。

6.学习应该是轻松的，痛苦都是不必要的。

7.一般的学习只是一种模仿，而没有任何的创新，学习应该以思考为基础。

8.学错东西不要紧，关键是不要错误地去学东西。

9.会学习比肯学习愿意学习来得更重要。前车之鉴，后车之履。

10.不渴望能够一跃千里，只希望每天能够前进一步。

投资大脑，回报率最高。

1.当你还不能对自己说今天学到了什么东西时，你就不要去睡觉。

2.求学的三个条件是：多观察、多吃苦、多研究。

3.学到很多东西的诀窍，就是一下子不要学很多。

4.学习的成功与失败原因是多方面的，要首先从自己身上找原因，才能受到鼓舞，找出努力的方向。

5.障碍与失败，是通往成功最稳靠的踏脚石，肯研究利用它们，便能从失败中培养出成功。

6.人不光是靠他生来就拥有的一切，而是靠他从学习中所得来的一切来造就自己。

7.聪明出于勤奋，天才在于积累。

8.学者，路慢兮兮，取且难，克之则成，屈之则败。

9.学习就像一场拔河比赛，只要能坚持，就能获得胜利。

10.人生代代无穷已，学识绵绵无绝期。

永远向比自己成就高的人学习！

1.学习犹如登山，需要坚持，虽然过程是艰难的，但只要懂得享受，也能其乐无穷，当攀上顶峰时，便能饱览美景。

2.勤学如春起之苗，不见其增日有所长。辍学如磨刀之石，不见其损日有所亏。

3.每一发奋努力的背后，必有加倍的赏赐。

4.古今中外有学问的人、有成就的人，总是十分注意积累的。

5.非学无以致疑，非问无以广识。

6.不读书则愚，不思考则浅，不多练则生，不巧用则钝。

7.再冷的石头，坐上三年也会暖。

8.成功的人是跟别人学习经验，失败的人只跟自己学习经验。

9.好问的人，只做了五分钟的愚人；耻于发问的人，终身为愚人。

10.读书是学习，使用也是学习，而且是更重要的学习。

我们学习的目的，是为了使用，不是知识没有用，而是你没有使用，说明你没有用。

1.夫学须志也，才须学也。非学无以广才，非志无以成学。

2.学习必须与实干相结合。

3.鸟欲高飞先振翅，人求上进先读书。

4.情况是在不断的变化，要使自己的思想适应新的情况，就得学习。

5.人的天才只是火花，要想使它成熊熊火焰，就只有学习！学习。

6.经常不断地学习，你就什么都知道。你知道得越多，你就越有力量。

7.知识是引导人生到光明与真实境界的灯烛。

8.求学将以致用，读书先在虚心。

9.人的知识愈广，人的本身也愈臻完善。

10.不读书的人，思想就会停止。

第8章

潜心经营

经营哲理

木桶理论已死，长板理论告诉你：优势才是王道！

1.世界上最恐怖的力量是复利。

2.合理公平的分配机制是团队能否长远的基础。

3.你若不想做，总会找到借口，你若想做，总会找到方法，如果方向错了，停止就是进步！

4.做产品，听大多数人劝死得更快。

5.偶然的成功最终必将失败。

6.留意成本，利润自会来。

7.只有淡季的行业，没有淡季的企业。

8.硬实力是钱可以买来的，软实力是钱买不来的。

9.多种经营兴许是一项疏散危险的谨严政策。

10.国际化能力大于单单海外设厂。

抓住机遇

每个人的机会都一样多，但是每个人对机会的识别和把握能力是不同的。

1.一般而言，机会到来的时候都是丑陋的，是不被看好的，但结果都是非常好的。

2.不惧所失，才有机会遇见幸运。

3.如果你只是等待，发生的事情只会是你变老了。

4.君子藏器于身，待时而动。

5.弱者坐失良机，强者制造时机，没有时机，这是弱者最好的供词。

6.成大事都是绝对不允许溜走，并且能纵身扑向机遇。

7.不要抱怨等待，不到最后一刻就不知有何变数，因而，其中也就蕴藏着无限的机遇和无尽的可能。

8.不后悔，不犹豫，把握好每次机遇。

9.当良机出现在我们面前时，我们要及时抓住它们，利用它们，这是生活的一大艺术。

勇于挑战

萤火虫的光点虽然微弱，但亮着便是向黑暗挑战。

1.万事皆有可能，“不可能”的意思是，“不，可能。”

2.当你潜意识觉得所有的问题都是自己的问题时，转身却发现所谓的问题根本不是问题。

3.路不险，则无以知马之良。任不重，则无以知人之德。

4.最具挑战性的挑战莫过于提升自我。

5.最大的挑战和突破在于用人，而用人最大的突破在于信任人。

6.一个人若无超越环境之想，就做不出什么大事。

7.要冒一次险！整个生命就是一场冒险。走得最远的人，常是愿意去做，并愿意去冒险的人。

8.要成功，你必须接受遇到的所有挑战，不能只接受你喜欢的那些。

9.挑战让生命充满乐趣，克服挑战让生命充满意义。

10.如果你从不接受挑战，就感受不到胜利的刺激。

11.我们确实活得艰难，一要承受种种外部的压力，更要面对自己内心的困惑。在苦苦挣扎中，如果有人向你投以理解的目光，你会感到一种生命的暖意，或许仅有短暂的一瞥，就足以让人感奋不已。

注重战略

在大机会时代，千万不要机会主义，我们要有战略耐性。

1.每个人都应该把自己当作品牌来经营。

2.不要把你的价值建立在别人如何对待你的方式上。

3.华而不实，怨之所聚也。

4.可悲的是竞争越充分的市场，你会更可悲地发现你即使很辛苦了，也是不赚钱的。

5.权威是用来打破的，而不是用来崇拜的。

6.不要盲目跟风，品项要“独”。

7.没有问题就是最大的问题，要敢于提出问题。

8.提出问题远比解决问题难，因为解决问题是技术性的，而提出问题则是革命性的。

9.只有把全部身心放在公司的人，才是公司的支撑力量。

10.话多的人不一定聪明，聪明的人都会说话。

寻找方向

对于攀登者来说，失掉往昔的足迹并不可惜，迷失了继续前进的方向却很危险。

1.人生的足迹，也需要辨明前进的方向，不辨方向的启程无异于盲人瞎马，不但到不了目标，还会使你离目标越来越远，甚至会迷失方向，南辕北辙，误入歧途。

2.成功的第一要素是方向感，指的也是正确的目标定位，即要根据自己的天赋或独特优势，为自己确立一个有价值的可以逐步实现的目标。

3.人们总在追求自由，渴望自由，但很少去想自由是什么，也很少去想代价是什么。

4.信仰坚定的人是一刻也不会迷失方向的，他的灵魂将冲破炼狱的烈焰直奔天堂极乐世界。

5.任何聪明的傻瓜都可以让事情更大、更复杂、更激烈。要往反方向发展需要一丝天分以及许多勇气。

6.百折不回的精神虽然可佩，但如果这里虽然望得见目标，而这前面却只是一片陡峭的山壁，没有可以攀援的路径时，我们也只好换一个方向，绕道而行。

7.不同的选择，可能会决定我们不同的人生道路。

8.当朋友迷失了方向，需要你关心的时候，请伸出你的手。

9.情感像吹动帆船的风力，理智则是把持方向的舵手。

产品策略

替代品越多，市场价值越低。

1.以一流的企业文化，创造一流的产品质量。

2.有百分之百的工作态度，才有百分之百的产品质量。

3.只有敬业的精神，才有高质量的产品。

4.用真情锻造产品，以爱心打造质量。

5.高品质才是硬道理!

6.用完美的质量打造常青的品牌。

7.质量就是生命，质量就是价值。

8.品牌的价值，不在于产品本身的质量、价格优势和所属企业的传奇故事，而是这个产品和顾客之间深层次的情感交流。

9.合格不是高质量，满意才能有市场。

10.客户的质量需求，就是我们的工作标准。

竞争智慧

在趋势变革的时候，比的不是实力的大小，而是反应的快慢。

1.竞争的本能是一种野性的激励，一个人的优点通过它从另一个人的缺点上显示出来。

2.用自己的价值进行竞争不是坏事。

3.山不过来，我过去，会得到同样的结果！

4.竞争的本质不是比强壮，不是比敏捷，也不是比谁更聪明，而是比谁少一些愚蠢。

5.企业如果在市场上被淘汰出局，并不是被你的竞争对手淘汰的，一定是被你的用户所抛弃的。

6.要成为领袖，无论从事什么行业，都要比竞争对手做得好一点。

7.这么大量的、严重的同质化竞争的出现，本身对这个行业不是良性的，很短的时间内就会对这个行业进行整合，会进行有效地调整。

8.做企业就像打高尔夫，遇强则强，遇弱则弱。如果对手水平太低，就会随意发挥，甚至打坏几杆也不介意。因此，要选择好对手。

9.正是因为有一个对手天天盯牢你，使你不敢睡安稳觉，企业才有长足的发展。

把握尺度

“水满则溢，月盈则亏”，这个世界从来只有更美，而没有最美。而最靠近完美的一刻，就是最容易走向相反的时刻。

1.流动的水不会腐恶发臭，转动的门轴不会生虫朽烂。

2.成熟，是一种深刻的生命进程，是自身的不断更新和不断完善，成熟是生命的一种高度，不可能每个人都能轻易达到。

3.要求过高，反难成功。

4.权力，就它的本性而言，只在于使用同一尺度。

5.凡事不要过分。

6.过头饭别吃，过头话别说。

7.用物过度妨于财，用气过度伤于身。

8.谦固美名，过谦者，宜防其诈。默为懿行，过默者，宜防其奸。

9.过犹不及。

借力而行

人生中有两个字可为你开启许多扇门："拉"和"推"！

1.梦想会让你更有远见。

2.靠谱的回报是竞争优势的基础。

3.可怜的处境不会带来救助，但坚韧不屈却能够博得人们的尊敬。

4.素质决定未来，能力决定成败。

5.首先从现实层面来看，持有金钱是一种能力，合理地使用金钱又是一种能力，而运用金钱来持续地为自己服务又是另一种能力。

6.意识本身可以把地狱造就成天堂，也能把天堂折腾成地狱。

7.你的梦想跟谁有关就能拉动谁的力量来成就你。

8.聪明人都是通过别人的力量，去达成自己的目标。

9.不要让太多昨天占据你的今天。

10.人，有了物质才能生存；人，有了理想才谈得上生活。

企业生存

显然，很多企业都是生于机会，死于变化。

1.企业一定要抓住机遇发展并不断壮大，应该要比别的企业在以往的营销中挖取更多的利润，并能向营销管理要更多的效益，从而经受住寒冬的考验，企业就能在经济的春天里开花结果。

2.企业必须通过对做出行为的消费者细分群体进行识别，来协同增强品牌价值、品牌和企业定位方面的投入、传播、沟通和媒介策划，从而进一步提高营销的效力和效率。

3.今后我们的企业必须走向有效经营，重质的经营，有特色的企业才能存在与繁荣。

4.与其成为大企业，莫如成为优秀企业。

5.没有特色的企业不成企业，要想使自己的企业永远立于不败之地，就要在“特色”两个字上下功夫。

6.能在困难时期成长才是真正的好公司。

7.有益于社会的企业才有存在的价值。

8.企业若注意大众的利益，其本身将必然受惠。

9.必须大胆地创业，小心地守成。与其重视在桶内装满水，宁可注意有没有漏水。

10.对于一个企业来说，稍许停顿就意味着永久被淘汰。

第9章

思想方向

方向抉择

一味走别人的路，必将堵死自己的路。

1.越迷茫越要往远处看。

2.马在松软的土地上易失蹄，人在甜言蜜语中易摔跤。

3.盲目的乐观主义者不见得比认真的悲观主义者更高明。

4.如果不曾出发，就永远不会抵达。

5.无力浮起，不妨下沉。

6.好的决策，应该以冲突的意见为基础，从不同的判断和观点中进行选择。“众口一词”并不是好的决策。

7.企业要降低成本需求将是未来趋势。

8.你发生了变化，世界才有可能改变。

9.实体越不好，资金就越难挤入具备想象力的行业中。

10.即使环境相同，思维方式不同也会影响人生的不同。

11.我宁愿靠自己的力量，打开我的前途，而不愿求有力者垂青。

逆向思维

在别人不敢去的地方，才能找到最美丽的宝石。

1.不带批判地去深入观照恐惧，我们会发现，大部分时候，恐惧和当下的事实并不相干。

2.生命中最难的阶段不是没有人懂你，而是你不懂你自己。

3.你的问题主要在于读书不多而想得太多。

4.在家里看到的永远是家，走出去看到的才是世界。

5.不要担心别人不了解自己，应该担心的是自己不了解别人！

6.先要学会输，才有资格赢。

7.很多时候，我们不是败在缺陷上，而是败在优势里。

8.真正的强者不一定是多有力，或者多有钱，而是他对别人多有帮助。

9.艰难的时刻并不可怕，美好的时刻留不住才可怕。

10.不遭人忌是庸才。

方向目标

如果没有方向，什么样的风都是逆风。

1.常问路的人，不迷失方向。

2.如果你不知道你要到哪儿去，那通常你哪儿也去不了。

3.言前定则不跲，事前定则不困，行前定则不疚，道前定则不穷。

4.我们占据的位置并不重要，重要的是我们要去的方向。

5.世界上最重要的事，不在于我们在何处，而在我们朝着什么方向走。

6.树的方向，由风决定；人的方向，自己决定。

7.当整个鱼群都往同一个方向游的时候，作为后来者没有任何优势。但假如你往相反的方向游，你就是第一名。

8.人只要不失去方向，就不会失去自己。

9.机会需要自己去找，并努力把握；但诱惑我们躲也躲不开，它却会轻易地找上门来。

10.从现在起，我开始谨慎地选择我的生活，我不再轻易让自己迷失在各种诱惑里。我心中已经听到来自远方的呼唤，再不需要回过头去关心身后的种种是非与议论。我已无暇顾及过去，我要向前走。

互联网思维

专注，极致，口碑，快——互联网七字诀。

1.如果错过互联网，与你擦肩而过的不仅仅是机会，而是整整一个时代。

2.互联网上失败一定是自己造成的，要不就是脑子发热，要不就是脑子不热，太冷了。

3.互联网是影响人类未来生活30年的3000米长跑，你必须跑得像兔子一样快，又要像乌龟一样耐跑。

4.在今天的互联网竞争里面，我觉得最重要的还是用户满意度。

5.不管你现在做什么或有什么想法，你必须迎接互联网，然后适应互联网，除此之外你别无选择。

6.移动互联网是一个值得令人兴奋的大时代。

7.用互联网的思想武装后做事情会事半功倍。

8.互联网精神和硬件的完美结合有三个关键词：测量、连接和智慧。

9.移动互联网下人的特征也在发生着变化，粉丝用户、永远在线、关注服务越来越成为用户正在重建的全新特征。

10.物联网和智能硬件将成为互联网的下一个机会，而不仅仅是穿戴设备，硬件跟线下需求相匹配蕴含着巨大商机。

第10章

胜者之道

脚踏实地

我们回头来看昔日的巨头，他们都不是死于弱小和无知，而是死于傲慢。

1.做企业，能慢才能快。

2.自由是做自己喜欢的事，幸福则是喜欢自己做的事！

3.天赋决定了你的上限，努力决定了你的下限。但很多人根本就没有努力到可以拼搏天赋，就已经放弃了。

4.有人帮你，是你的幸运；无人帮你，是公正的命运。

5.无聊是非常有必要的，一个人在空白时间所做的事，决定了这个人和其他人根本的不同。

6.从商业角度来说，有时候慢反倒是快，就像民间一直流传的那句话“走路不怕慢，就怕站”，只要一直在走，慢就是快。

7.即使爬到最高的山上，一次也只能脚踏实地地迈一步。

8.休息一会再上路也是一种明智的态度，好比慢慢磨刀不误砍柴工。

9.能做到的比想象的更多。

10.笨人才要心眼，聪明人只需厚道。

创造美好

只有承担起旅途风雨，才能最终守得住彩虹满天。

1.事做完整，爱可以让我们将事情做好。

2.没有智慧的付出，就是燃烧自己，照亮别人；而有智慧的人在照亮别人的同时，能让自己更强大，然后再把别人照得更亮。

3.每个人都有办法让世界更靠近美好，简单到一个微笑！

4.无磨擦便无磨合，有争论才有高论。

5.走别人不愿走的路，做别人不愿做的事，你才能找到成功的捷径。

6.敢于向黑暗宣战的人，心里必须充满光明。

7.所有天赋的资源都是让你替天行道，义行天下的。辜负上天的美意和厚爱，你就等于关上了幸福喜悦的大门！

8.一个人的幸福程度，往往取决于他多大程度上可以脱离对外部世界的依附。

9.漂亮，不止有一种模样；好看，也不是最重要的选择。得体，比好看重要。当你骨子里开始信任、认可、赞赏你身边所有的人的时候，奇迹就会神奇般地发生了。

10.无论黑夜与白天，所有一切与我关联的事物都将欣欣向荣。

永不放弃

如果放弃得太早，你就永远不知道你将错过什么。

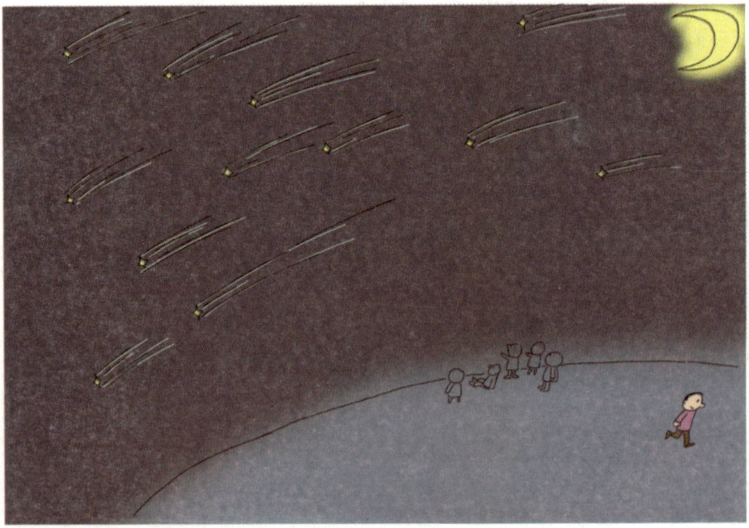

1.没有不景气，只有不争气。

2.那些不能打败你的，必将使你更加强大。

3.有时你会觉得特别艰难，上帝也许在给你准备惊喜。

4.我们最大的弱点在于放弃。成功的必然之路就是不断地重来一次。

5.即使道路坎坷不平，车轮也要前进；即使江河波涛汹涌，船只也要航行。

6.懦弱的人只会裹足不前，莽撞的人只能引火烧身，只有真正勇敢的人才能所向披靡。

7.涓滴之水终可以磨损大石，不是由于它力量强大，而是由于昼夜不舍地滴坠。

8.要从容地着手去做一件事，但一旦开始，就要坚持到底。

9.无论什么时候，不管遇到什么情况，我绝不允许自己有一点点灰心丧气。

10.我可以接受失败，但我不能接受放弃！

坚持不懈

坚持认真做一件事，时间看得见。

1.伟大的作品不是靠力量，而是靠坚持来完成的。

2.一个有决心的人，将会找到他的道路。

3.有了坚定的意志，就等于给双脚添了一对翅膀。

4.只要有坚强的意志力，就自然而然地会有能耐、机灵和知识。

5.只有毅力才会使我们成功。

6.发现者，尤其是一个初出茅庐的年轻发现者，需要勇气才能无视他人的冷漠和怀疑。

7.能够岿然不动，坚持正见，渡过难关的人是不多的。

8.谁有历经千辛万苦的意志，谁就能达到任何目的。

9.为学须刚与恒，不刚则隋隳，不恒则退。

发挥价值

其实无论是粗蜡烛还是细蜡烛，能被点亮的蜡烛才最亮。

1.一个人对社会的价值首先取决于他的感情、思想和行动，对增进人类利益起多大作用。人生的价值，并不是用时间，而是用深度去衡量的。

2.生活的真谛在于创新，生活的理想在于远大，生活的艺术在于选择，生活的步履在于踏实，生活的乐趣在于追求，生活的安乐在于平淡。

3.人生只有在奋斗中才有价值。

4.自己活着，就是为了使别人过得更好。

5.流水在碰到底处时才会释放活力。

6.窥探自己的心，而后发现一切的奇迹在你自己。

7.失败也是我需要的，它和成功一样对我有价值。

8.人的每一步行动都在书写自己的历史。

9.烈火试真金，逆境试强者。

10.人生应该如蜡烛一样，从顶燃到底，都是光明的。

注重方法

方法不对，所有的努力都只是“自我安慰”！

1.学习不是往里面装东西，而是通过别人讲让你心灵从灵魂深处往外生发东西。

2.投资人最怕的是自己投资的产品是技术人员臆造的，没有用户需要。

3.思想太少可能失去做人的尊严，思想太多可能失去做人的快乐。

4.一个人只有甘于水的平静，才能拥有翻江倒海的能力！

5.在信息丰富的世界里，唯一的稀缺资源就是人类的注意力。

6.有些事，很多人都在做，你不做，不代表你错了。

7.昨天的记忆左右着今天的思维，今天的思维决定了明天的结果！

8.方法不对，努力白费。

9.接受失败等于回归真实的自我，接受失败等于打破完美的面具，接受失败等于放松自己高压的心理，接受失败也等于给了自己从零开始的机会，接受失败更是一个智者的宣言和呐喊。

10.没有人富有得可以不要别人的帮助，也没有人穷得不能在某方面给他人帮助。

解决问题

任何人都可以发现问题，只有少数人可以解决问题。发现问题重要，解决问题同样重要。

1.创造始于问题，有了问题才会思考，有了思考，才有解决问题的方法，才有找到独立思路的可能。

2.一个人应养成信赖自己的习惯，即使在最危急的时候，也要相信自己的勇敢与毅力。

3.抱最大的希望，为最大的努力，做最坏的打算。

4.在今天和明天之间，有一段很长的时间，趁你还有精神的时候，学习迅速办事。

5.永远要把对手想得非常强大，哪怕非常弱小，你也要把他想得非常强大。

6.如果你有行动力，你就会成功；如果你有创造力，你就会卓越；如果你有影响力，你就会有成就。

7.一个人是否有足够的“志气”，直接决定事情的成败。我们只要不放弃自己的愿望，不改变自己的初衷，在自己认为最适合的事情上面去求发展，就自然会有成功的一天。

8.什么叫问题？问题就是事物的矛盾。哪里有没有解决的矛盾，哪里就有问题。

9.要解决问题，还须作系统周密的调查工作和研究工作，这就是分析的过程。

不懈努力

有些风景，用心了才能看到；有些地方，奔跑着才能到达。

1.没有加倍的勤奋，就既没有才能，也没有天才。

2.业精于勤，荒于嬉；行成于思，毁于随。

3.哪儿有勤奋，哪儿就有成功。

4.努力学习，勤奋工作，让青春更加光彩。

5.人生是一座可以采掘开拓的金矿，但会因为人们勤奋程度的不同，给予人们的回报也不相同。

6.勤奋者废寝忘食，懒惰人总没有时间。

7.人类要在竞争中生存，便要奋斗。

8.勤奋的人是时间的主人，懒惰的人是时间的奴隶。

9.无论做什么事情，只要肯努力奋斗，都可能成功。

10.只要有梦想在心中，努力去付诸行动，每个人都会变成龙。

力量觉醒

如果你有足够的理由，当你遇到令你兴奋得发抖的机会，你体内的火山就会自动爆发，你心灵的巨人就会被唤醒。

1.弓如果永远不张，便会失去它的力量。

2.不知用在何处的力量是没有用的。

3.不伴随力量的正义是无效的，不伴随正义的力量是暴虐。

4.我们征服了力量，于是我们便得到了力量。

5.一个人只有当他把自己和集体事业融合在一起的时候才是最有力量的。

6.有力量就一定会有办法。

7.有一个无所不在、至高无上的力量掌管这个大千世界，而你是这力量的一部分。

8.谁要是有智慧，谁就有力量。

9.靠力举起千斤，理智能举起万斤。

10.不要放弃心灵的力量，不要错过改写人生的每一次机会。

正视错误

我们有时从错误中学到的东西，往往比从美德中学到的东西还要多。

1.最好的好人，都是犯过错误的过来人；一个人往往因为有一点小小的缺点，将来会变得更好。

2.正确的结果，是从大量错误中得出来的；没有大量错误作台阶，也就登不上最后正确结果的高座。

3.有错误要逢人便讲，既可取得同志的监督帮助，又可以给同志们以借鉴。

4.永不做错事的人，往往不能做出任何事情来。

5.一个人知道了自己的短处，能够改过自新，就是有福的。

6.一次小小的失误也许会防止重重的跌落。

7.任何人都要犯错误，人从降生的那一天起，便不断地犯错误，只有在不断的错误，不断地碰钉子的过程中，才能逐渐懂得道理。

8.人要学会走路，也得学会摔跤，而且只有经过摔跤才能学会走路。

9.每个人都有错，但只有愚者才会执迷不悟。

正视缺陷

每个人都会有缺陷，就像被上帝咬过的苹果，有的人缺陷比较大，正是因为上帝特别喜欢他的芬芳。

1.美德和缺点都具有一种不可思议的性质，拥有得越多，你会以为自己具备得越少。

2.海中的月亮再明，也照不出海的深浅；自己的眼睛再亮，也看不见自己的面容。

3.对的那条路，往往不是最好走的。

4.金无足赤，人无完人。

5.至长反短，至短反长。

6.我的生活经验使我深信，没有缺点的人往往优点也很少。

7.没有十全十美，也没有人不可或缺，每个人都有这种或那种弱点。

8.在日常生活中，我们往往由于自身的缺点而不是优点才招人喜欢。

9.论珍则不可以细疵弃巨美。

学会赞美

赞美别人正确是肯定，赞美别人不正确是引导，不吝惜赞美，生活走向美好。

1.模仿是对竞争者最好的赞美。

2.时时用使人悦服的方法赞美人，是博得人们好感的好方法。

3.放弃狭隘的眼光，走出孤芳自赏的怪圈，学会欣赏他人，懂得欣赏他人，你会感受到生活的多姿多彩。

4.赞美是美德的影子。

5.我们拼命赞扬别人身上某些我们明显并不存在的品格，条件是别人对我们坚信自己具备的种种美德报以同样的赞美。

6.只有拥有高尚目标的爱才是崇高的、值得赞美的。

7.夸奖人的时候，不可静如秋水，要七情上脸。不要以为喜形于色是不老练的举动。别人的进步，值得我们为之欢欣鼓舞，并且让对方毫无疑异地感知到我们的赞美和欢愉。

8.快乐是一种美德，因为它不但表现出自己对世界的欣赏与赞美，也给周围的人带来温暖与轻快。

9.你要欣赏自己的价值，就得给世界增添价值。

10.不要光赞美高耸的东西，平原和丘陵也一样不朽。

第11章

妙语人生

人生箴言

不惧所失，才有机会遇见幸运。

1.聪明能带来财富和权力，智慧能带来快乐。

2.当一个人有了足够的内涵和物质做后盾，人生就会变得底气十足。

3.提问，也许比答案更重要。

4.你的眼睛看到了什么，你就会过什么生活！

5.聪明靠耳朵、靠眼睛，所谓耳聪目明；而智慧靠心灵，即所谓慧由心生。

6.不去做，任何想法都只在脑海里游泳；不迈出脚步，永远找不到前进的方向。

7.一个人可以走得很快，一群人会走得更远。

8.世界上有多少人，就有多少条生活的道路。

9.善的大小不是善事本身的大小，而是我们用心的大小。

生活妙语

走捷径有时就是走弯路。

1.把平时生活中的东西琢磨透了，就叫智。

2.路，没有错，错的只是选择。

3.世界上没有聪明不聪明之分，只有懂与不懂。

4.聪明人渴望改变别人，让别人顺从自己的意志，而智者多能顺其自然。因此，聪明人的人际关系容易紧张，而智者的人际关系多和谐。

5.对自己严格，对他人宽容，自己才能真正强大。

6.为你的难过而快乐的，是敌人；为你的快乐而快乐的，是朋友；为你的难过而难过的，就是那些该放进心里的人。

7.如果你没有成就，你就会因平庸而没有朋友。

8.你的失败，只有一个原因：你就是太会给自己找理由了！

9.最简单的东西，往往也是最有价值的。

10.我们总是先认识了身边的人，才认识了这个世界。

快意人生

速度比较快的话，石头也能飘在水上。

1.能够让身边的人感觉自己很重要，是成大事的基本素质。

2.当你相信你的产品时，客户也会相信你。

3.善于走自己的路，才可能走别人没走过的路。

4.眼睛看得见的地方需要视力，眼睛看不见的地方需要眼光。

5.原谅比放弃要难，而忘记则比原谅更难。

6.有一个早晨我扔掉了所有的昨天，从此我的脚步就轻盈了。

7.征服世界，并不伟大；一个人能征服自己，才是世界上最伟大的人。

8.聪明是一种生存的能力，而智慧则是生存的一种境界。

9.对局面有掌控，对未来留余地，对他人有宽容，对自己有约束。

10.对未来的真正慷慨，就是把一切献给现在。

励志人生

没有伞的孩子才会努力奔跑!

1.意志坚强的乐观主义者用“世上无难事”的人生观来思考问题，越是遭受悲剧打击，越是表现得坚强。

2.生活的悲剧不在于人们受了多少苦，而在于人们错过了什么。

3.人要学会走路，也要学会摔跤，而且只有经过摔跤，他才能学会走路。

4.逆境展示人才，顺境隐没英才。

5.患难困苦，是磨炼人格之最高学校。

6.不幸可能成为通向幸福的桥梁。

7.不经一番寒彻骨，怎得梅花扑鼻香。

8.困难只是穿上工作服的机遇。

9.即使在人群中找出一百个能忍受逆境的人，也未必找得到一个能正确对待顺境的人。

10.逆境可以使人变得聪明，尽管不能使人变得富有。

人生境遇

我们不被大山绊倒，却被小土堆绊倒。

1.人生的道路虽然漫长，但紧要处常常只有几步。

2.一个人的快乐，不是因为他拥有的多，而是因为他计较的少。

3.成功的法则极为简单，但简单并不代表容易。

4.人生伟业的建立，不在能知，乃在能行。

5.坚韧是成功的一大要素，只要在门上敲得够久、够大声，终会把人唤醒的。

6.每一朵花，只能开一次，只能享受一个季节的热烈的或者温柔的生命。

7.其实，我们必须恐惧的东西只有恐惧本身。

8.当你知道所有的答案而没有人来问你这些问题时，这是一种挫折。

9.在旅行中，我们不再超越就面临着被人超越的危险。

10.改造自己，总比禁止别人来得难。